Library of Congress Cataloging-in-Publication Data
Libro de oraciones de la Sagrada Familia: oraciones para todas las familias / Misioneros de la Sagrada Familia. – 4. ed.
p. cm.
1. Catholic Church–Prayers and devotions. 2. Families–Prayers and devotions. 3. Prayers. I. Holy Family Missionaries.
BX2142.L53 2012
249–dc23
2012024607

p ISBN 978-0-7648-2218-6
e ISBN 978-0-7648-6731-6

Libros Liguori, una corporación sin fines de lucro, es un apostolado de los Padres y Hermanos Redentoristas. Para más información, visite Redemptorists.com

Impreso en Estados Unidos de América
16 15 14 13 12 / 5 4 3 2 1
Primera edición

Dedicado a todas las familias del mundo

Libro de oraciones de la Sagrada Familia

Oraciones para toda la familia

MISIONEROS DE LA SAGRADA FAMILIA

Prólogo del Reverendísimo Gustavo García-Siller, M.Sp.S.

Liguori
Liguori, Missouri

Imprimi Potest
28 de septiembre de 2007
St. Louis, Missouri
Philip Sosa, M.S.F.
Provincial de la Provincia Norte Americana

Imprimatur
9 de octubre de 2007
Saint Louis, Missouri
+ Robert J. Hermann
Obispo Auxiliar de Saint Louis

El imprimátur es un permiso para la publicación que indica que la obra no contiene contradicciones con las enseñanzas de la Iglesia Católica, sin embargo no implica aprobación de las opiniones que se expresan en la obra. Con este permiso, no se asume ninguna responsabilidad.

Publicado por Libros Liguori
Liguori, Missouri 63057

Pedidos al 800-325-9521
www.liguori.org

ÍNDICE

Prólogo

Los Misioneros de la Sagrada Familia han tenido una secuela muy positiva en las vidas de las familias. Han trabajado compartiendo sus enseñanzas y sus servicios, poniendo en acción su carisma en favor de la pastoral familiar siguiendo la urgente petición del Papa Juan Pablo II a su comunidad. Su espíritu misionero se refleja en su participación activa en las parroquias en todas partes del mundo, trayendo la Buena Nueva a todos los que quieren recibirla.

En una época en que se ha disminuido la gran importancia de la unión familiar y matrimonial para el éxito y desarrollo de nuestra sociedad, "*Holy Family Prayer Book*," sirve como instrumento útil para promover la vida orante y la unión de la familia. Así podemos seguir las enseñanzas de la Iglesia, "La *familia cristiana* es el primer lugar de la educación en la oración. Fundada en el sacramento del Matrimonio, es la 'iglesia doméstica' donde los hijos de Dios aprenden a orar 'como Iglesia' y a perseverar en la oración"(CIC 2685). De esta misma manera continuaremos orando para promover las vocaciones: al sacerdocio, a la vida religiosa y al matrimonio.

Hagamos el firme propósito en este año 2012 de aumentar y madurar nuestra fe como lo ha declarado el Papa Benedicto XVI en su carta apostólica *Porta Fidei* y vivamos intensamente este año de la Fe. Que el uso de *"Holy Family Prayer Book,"* promueva la oración en familia y fortalezca la gracia del matrimonio. La familia y el matrimonio están al centro de la Iglesia y la sociedad.

Reverendísimo Gustavo García-Siller, M.Sp.S.
Arzobispo de San Antonio
1 de mayo del 2012
Fiesta de san José Obrero

Breve historia de los Misioneros de la Sagrada Familia

El siervo de Dios, el Padre John Berthier, MS, bajo la dirección del Papa León XIII, fundó los Misioneros de la Sagrada Familia en Holanda, en 1895. Cien años después, en 1995, el beato Juan Pablo II escribió a la comunidad haciéndole un llamado urgente al cuidado pastoral de las familias. Actualmente, en 2012, hay más de 900 sacerdotes y hermanos sirviendo en 22 países, presentando a la Sagrada Familia como el modelo perfecto de santidad para todas familias.

Oración por la beatificación del P. Juan Bethier y para pedir su intercesión

Padre celestial, que concediste a tu servidor Juan Bethier una profunda devoción a Nuestra Señora de La Salette y a la Sagrada Familia de Nazaret, y lo convertiste en un apóstol incansable de las vocaciones tardías, concédeme la gracia de [aquí se menciona la intención] para que yo pueda alabarte más y obtener para mí y otros tu bendición en esta tierra y en la vida eterna del Cielo. Concédenos, Señor, que Juan Berthier pronto obtenga el don de la canonización, para que pueda ser un modelo de las virtudes que practicó fielmente durante su vida. Amén.

Si se está rezando una novena, se dice un padrenuestro, un avemaría y un gloria, junto con esta oración durante siete días consecutivos.

Imprimi Potest
Philip Sosa, M.S.F.
Superior Provincial
Provincia de Norteamérica

Si usted recibe un favor especial por intercesión del Padre Berthier, por favor, infórmenos de ello por escrito a:

Very Rev. Father Provincial, MSF
Misioneros de la Sagrada Familia
3014 Oregon Avenue
St. Louis, Missouri 63118-1412

Oraciones a la Sagrada Familia

Consagración a la Sagrada Familia

Oh Jesús, nuestro amable Salvador, que te dignaste bajar a la tierra desde el Cielo, no solo para iluminarnos con tus enseñanzas y ejemplo, sino más aún para salvarnos con tu muerte y pasando la mayor parte de te tu vida humildemente, obediente a José y María, santificando así el hogar y la familia: recibe con benevolencia a esta familia que hoy se consagra a ti. Protégenos manteniéndonos durante nuestra vida en tu santo amor y respeto, ayúdanos a vivir con caridad y armonía entre nosotros para que así, imitando a la Sagrada Familia, permanezcamos en este mundo unidos en alma y corazón y alcancemos la felicidad y gloria eterna contigo en el Cielo.

Oh María, Madre amorosa de Jesús y madre nuestra, te pedimos que con tu misericordiosa intercesión hagas esta humilde oración grata a Jesucristo, para que podamos ser una verdadera familia cristiana.

San José, guardia y sostén de Jesús y María, ayúdanos con tu potente intercesión en todas nuestras necesidades espirituales y materiales, en particular acompáñanos en la hora de nuestra muerte, para que un día en el Cielo estemos unidos contigo alabando a María y adorando a Jesús por siempre. Amén.

Oración a la Sagrada Familia

Jesús, hijo de Dios e hijo de María, bendice a nuestra familia. Inspira en nosotros con tu gracia la unidad, la paz, y el amor mutuo que encontraste en tu propia familia en el pequeño pueblo de Nazaret.

María, madre de Jesús y madre nuestra, fortalece nuestra familia con tu fe y con tu amor. Haz que estemos siempre cerca de tu Hijo, Jesús, en todas nuestras tristezas y alegrías.

San José, padre en la tierra de Jesús, guardián y esposo de María, protege nuestra familia de todo peligro. Ayúdanos en los momentos de desánimo o de ansiedad,

Sagrada Familia de Nazaret, haz que seamos uno con tu familia. Ayúdanos a ser instrumentos de paz. Concédenos que el amor, fortalecido por la gracia, sea más fuerte que todas las debilidades y pruebas por las que nuestras familias puedan pasar. Que Dios esté siempre en el centro de nuestros corazones y hogares hasta que seamos una familia contigo, feliz y en paz, en nuestro verdadero hogar, el Cielo. Amén.

Letanías de la Sagrada Familia

Señor, ten piedad de nosotros
Cristo, ten piedad de nosotros
Señor, ten piedad de nosotros
Cristo, óyenos
Cristo, escúchanos

Dios Padre celestial, ten piedad de nosotros
Dios Hijo, Redentor del mundo, ten piedad de nosotros
Dios Espíritu Santo, ten piedad de nosotros
Santísima Trinidad, que eres un solo Dios, ten piedad de nosotros

Jesús, José y María, ruega por nosotros
Jesús, José y María, dignos de nuestra veneración,
Jesús, José y María, invocados en todo tiempo como la Sagrada Familia,
Jesús, José y María, padre, madre e hijo de la Sagrada Familia,
Jesús, José y María, casto esposo, pura esposa, y niño divino,
Jesús, José y María, restauradores de la familia herida,
Jesús, José y María, imagen de la Santísima Trinidad,

Sagrada Familia, probada por las más grandes dificultades,
Sagrada Familia, que has sufrido mucho en el viaje a Belén,
ruega por nosotros
Sagrada Familia, no recibida por nadie en Belén,
Sagrada Familia, visitada por los pastores,
Sagrada Familia, obligada a vivir en un establo,
Sagrada Familia, alabada por los ángeles,
Sagrada Familia, venerada por los Magos del Oriente,
Sagrada Familia, saludada por el piadoso Simeón en el Templo,
Sagrada Familia, perseguida y exiliada a un país extraño,
Sagrada Familia, oculta y desconocida en Nazaret,
Sagrada Familia, fiel a la observancia de las leyes divinas,
Sagrada Familia, modelo de la familia cristiana,
Sagrada Familia, sede de paz y concordia,
Sagrada Familia, cuyo protector es un modelo de vigilancia paternal,
Sagrada Familia, cuya madre es un modelo de maternal diligencia,
Sagrada Familia, cuyo Niño Divino es un modelo de fiel obediencia,
Sagrada Familia, pobre en bienes materiales pero rica en gracias divinas,

Sagrada Familia, pequeña delante de los hombres, pero grande en el Cielo,

Sagrada Familia, nuestro sostén en la vida y nuestra esperanza en la muerte, ruega por nosotros

Sagrada Familia, patrona y protectora de nuestra familia,

Jesús, José y María,

Cordero de Dios, que quitas el pecado del mundo, perdónanos Señor.

Cordero de Dios, que quitas el pecado del mundo, escúchanos Señor.

Cordero de Dios, que quitas el pecado del mundo, ten piedad de nosotros

Cristo, óyenos.

Cristo, escúchanos.

Oremos: Oh Dios de bondad y clemencia infinita que te has dignado llamarnos a esta familia, concédenos la gracia de venerar a Jesús, José y María, a fin de que, imitándolos en esta tierra, disfrutemos después con ellos de la gloria eterna. Por el mismo Cristo Nuestro Señor. Amén.

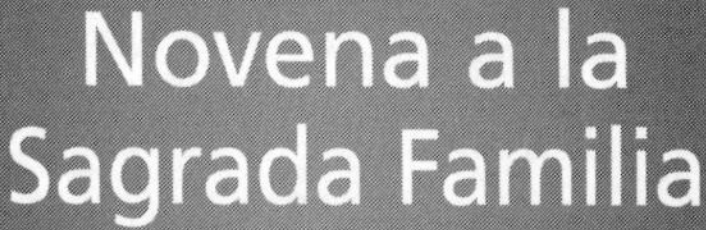
Novena a la
Sagrada Familia

Invocación para todos los días

Padre celestial, has derramado tu gracia sobre nosotros a través de tu amadísimo Hijo, Jesús. Sabemos que Él escuchará las súplicas de José y María, por ello les pedimos a ellos su intercesión en esta novena.

Señor, ilumina nuestro entendimiento, inspira nuestras decisiones, infunde un fuego de amor puro en nuestros corazones, así podremos responder a la acción de la gracia en nuestras vidas, que viene como fruto de las oraciones de la Sagrada Familia.

Y ustedes, ángeles custodios y todos los santos del cielo, intercedan por nosotros a fin de que podamos dar gloria a Jesús, José y María por nuestro modo de vivir. Ayúdennos a encontrar formas de vivir que nos asemejen a ellos y evitemos las excusas para no ser santos.

Padre, por esta novena en honor de la Sagrada Familia, coloca en nosotros el deseo de seguir e imitar las virtudes de la familia de Nazaret y haz que aceptemos el fruto de estos días de especial oración como tu voluntad para nuestras vidas. Amén.

Primer día

Meditación: la Sagrada Familia, modelo para toda familia

Honrar a Jesús, José y María es una devoción que ayuda a todo cristiano. Los miembros de la Sagrada Familia, a su paso por este mundo, son modelo tanto para la vida individual, como para la vida familiar.

Dios nos ofrece su gracia por medio de la Sagrada Familia para alimentar nuestra devoción a ella y para animarnos a contemplar sus virtudes. Tenemos el reto de hacer de su modo de vivir nuestro estilo de vida.

Ellos son la fuente de las virtudes, iluminan nuestra mente y nos enseñan a amar a través del sacrificio de nosotros mismos. Respondamos con generosidad al amor que nos han mostrado.

Pidamos para tener un amor más profundo a la Sagrada Familia.

Aquí se reza la oración a la Sagrada Familia que se encuentra en la página 18.

Segundo día

Meditación: la Sagrada Familia, modelo de obediencia

La Sagrada Familia empezó con un "sí" a la voluntad de Dios. Cuando María aceptó ser la madre de Jesús al decir "Yo soy la servidora del Señor, hágase en mí tal como has dicho" (Lc 1:38). Ahí empezó la Sagrada Familia. José decidió separarse de María hasta que el ángel le informó del plan que Dios tenía para él. Y, mientras muchos criticaban a José, él acepto la voluntad de Dios en su vida: "Cuando José se despertó, hizo lo que el Ángel del Señor le había ordenado y tomó consigo a su esposa" (Mt 1:24). Jesús en el Jardín de Getsemaní rezó: "Padre, si quieres, aparta de mí esta copa; pero no se haga mi voluntad, sino la tuya" (Lc 22:42). Cada miembro de la Sagrada Familia dijo "sí" a la voluntad de Dios sabiendo que su "sí" implicaba sacrificio; pero también tenían confianza en la fidelidad de Dios. Piensa por un momento en qué parte o aspecto de tu vida Dios te está llamando a decir "sí" a su Voluntad. La próxima vez que reces el padrenuestro, detente un momento en las palabras "hágase tu voluntad".

Aquí se reza la oración a la Sagrada Familia que se encuentra en la página 18.

Tercer día

Meditación: la Sagrada Familia, modelo de oración

La oración es algo fundamental para la Sagrada Familia. Jesús, José y María son piadosos como personas y como familia judía. José y María enseñaron a Jesús sus oraciones y rezaban como familia. Guardaban los mandamientos, el Sábado y las fiestas santas (cf. Lc 2:22–41); y daban gracias a Dios por sus bendiciones antes de comer. Como padres de familia, abuelos, padrinos, tías y tíos, ¿estamos enseñando a nuestros hijos a rezar? Como hijos, ¿estamos rezando por otros o solamente por nosotros mismos? ¿Nos acordamos de rezar antes de comer en casa o en público? ¿Observamos los domingos y días de obligación asistiendo a Misa y celebrando la vida familiar? O en ocasiones andamos de compras y haciendo cosas que se pueden hacer en otro día de la semana. Piensa en cómo Jesús, José y María rezaban todos los días y especialmente cómo santificaban las fiestas.

Aquí se reza la oración a la Sagrada Familia que se encuentra en la página 18.

Cuarto día

Meditación: la Sagrada Familia, modelo de humildad

Jesús, José y María practicaron la virtud de humildad en un altísimo grado. Su casa, sus vestidos y comidas siempre eran simples. La humildad caracterizaba y dirigía su trabajo e ideales.

Dios resiste a los soberbios, pero derrama su gracia sobre los sencillos de corazón (cf. Mt 5:4).

Imita la humildad con que vivieron Jesús, José y María.

Procura acercarte al Sacramento de Reconciliación frecuentemente. En ese sacramento no solo recibes la misericordia de Dios, sino también la ayuda espiritual para crecer en humildad.

Aprende de la Sagrada Familia esta gran virtud y así vivirás feliz y morirás serenamente.

Aquí se reza la oración a la Sagrada Familia que se encuentra en la *página 18.*

Quinto día

Meditación: la Sagrada Familia, modelo de pureza

El Señor dijo: "Bienaventurados los limpios de corazón porque ellos verán a Dios" (Mt 5:8). En la Sagrada Familia todos eran puros en pensamiento, palabra y obra. Jesús es la pureza misma; María es la única Virgen y Madre Inmaculada; José, el casto varón por excelencia. La pureza de una persona siempre recibe ataques del mundo y eso también sucedía en los tiempos de la Sagrada Familia. Pide a Dios que te conceda un corazón limpio y un deseo muy grande de conformarte con su Voluntad.

Además de la oración, podemos usar otros medios para ayudarnos a guardar la pureza. Protege la pureza que tienes hoy y ponla bajo la protección de la Sagrada Familia. Ten cuidado con los programas de televisión que ves o con los programas de radio que escuchas. Ten cuidado para que tus palabras, acciones y forma de vestir no pongan en peligro la pureza de otros.

Aquí se reza la oración a la Sagrada Familia que se encuentra en la página 18.

Sexto día

Meditación: la Sagrada Familia, modelo de amor

El amor de Jesús, José y María es incondicional y fiel. Sin amor es imposible la santidad. Jesús, José y María son modelos eminentes del amor puro y ejemplo de cómo todo amor requiere sacrificio y perdón (cf. Lc 2:48–51). Sagrada Familia, enséñanos a amar como tú amaste, a perdonar y sacrificarnos cuando sea necesario. Sagrada Familia, ayúdanos a entender que amar es una elección, un acto de la voluntad y no solamente algo que nos sucede de forma espontánea. Ayúdanos a amar fielmente y sin condiciones, aunque no nos amen. Como adultos, ayúdanos a amar siempre a los niños de nuestras familias, con nuestros corazones, palabras y acciones. Como hijos, ayúdanos a amar y a respetar a nuestros padres. Ayúdanos a verte y amarte, Jesús, en nuestros hermanos y hermanas, especialmente en los que sufren, los pobres, los ancianos y los marginados.

Aquí se reza la oración a la Sagrada Familia que se encuentra en la página 18.

Séptimo día

Meditación: la Sagrada Familia, modelo de laboriosidad

La oración y el trabajo fueron las ocupaciones constantes de la Sagrada Familia en la tierra. El pan con que se alimentaron y el vestido con que se cubrieron lo ganaron con el trabajo de sus manos (cf. Mt 13:54–56). Ellos fueron los que nos enseñaron a santificar todas las labores domésticas. La ociosidad es la madre de todos los vicios; por eso Jesús, José y María huyeron de ella. Pero el trabajo es la base de todas las virtudes. Sagrada Familia, enséñanos a convertir todos lo que hacemos y nos sucede en actos de amor a Dios. Enséñanos a trabajar con un corazón cristiano que ofrezca a los demás lo mejor de nosotros. Sagrada Familia, ayúdanos a descubrir dónde quiere Dios que demos nuestro tiempo y nuestros dones para servir a nuestros hermanos y hermanas.

Aquí se reza la oración a la Sagrada Familia que se encuentra en la página 18.

Octavo día

Meditación: la Sagrada Familia: Modelo de confianza

La Sagrada Familia confiaba en Dios. María y José observaron la ley de Moisés cuando presentaron a Jesús en el templo. Como emigrantes, cuando huían de Herodes, José siguió la voluntad de Dios y confió en que Dios proveería todo lo necesario (cf. Mt 6:25–34). Confiando en Dios y en los mandamientos que nos da por las Escrituras y su Iglesia, nos acercamos más a Jesús. ¿Cómo confiamos en Dios? ¿Escuchamos y tratamos de seguir las orientaciones que nos dan las Escrituras y la Iglesia? ¿Aceptamos lo que nos conviene e ignoramos lo que exige sacrificio y conversión? Jesús, José y María, ayúdennos aceptar, amar y confiar en la voluntad de Dios y en las enseñanzas de su Iglesia, sabiendo que son para nuestro bien y salvación. Ayúdanos a ver dónde nos falta confianza en Dios para seguir su Voluntad.

Aquí se reza la oración a la Sagrada Familia que se encuentra en la página 18.

Noveno día

Meditación: la Sagrada Familia, modelo de paz

La venida de la Sagrada Familia al mundo fue el principio de la paz verdadera y de la paz espiritual para nuestros corazones. Jesús, José y María nos enseñan cómo podemos hallar esa paz, es decir, imitando su vida. La frase del Evangelio "mi yugo es suave y mi carga liviana" (Mt 11:30) parece algo contrario a nuestra experiencia. ¿Es fácil vivir una vida santa o es como vivir en guerra? La "guerra" es por nuestro apego al pecado o por el deseo de cosas materiales, no porque queramos vivir como Jesús. Mientras más nos separamos del pecado y de los deseos mundanos, y mientras más vivimos las virtudes de la Sagrada Familia, más ligera se hace la carga y más tranquila es nuestra vida. Mientras más caminemos con la Sagrada Familia y vivamos como ella, más notaremos esos momentos de paz y alegría. Esos momentos de paz y consolación Dios nos los da para animarnos a perseverar en nuestros propósitos.

Aquí se reza la oración a la Sagrada Familia que se encuentra en la página 18.

Vida familiar

Oración de la mañana para la familia

Dios mío, que mereces infinitamente nuestro amor, te amo sobre todas las cosas. Inspirado por este amor, te ofrezco todas las acciones de este día.

Acepta cada latido de mi corazón como una oración ferviente, como un acto perfecto de amor:

- solo por tu gloria
- por la conversión de los pecadores
- por la perseverancia de los justos
- por la liberación de la benditas almas del purgatorio
- por la santificación de mi familia y amigos
- por todos los que me han pedido mis oraciones
- por aquellos para con los que tengo una obligación particular de orar
- por la difusión de la fe en el mundo y, sobre todo, en mi familia
- por la liberación de todo mal

Te ofrezco las indulgencias que reciba en este día por las almas del purgatorio, especialmente por las de mis familiares y por las almas que no tienen quién pida por ellas. Amén.

Oración por la renovación de la familia

Sagrada Familia—Jesús, José y María—te doy mi corazón y mi alma. Enséñame a vivir contigo en unión de mente, corazón y alma. Por ustedes me consagro a mi Padre Celestial como hijo dócil. Dirígeme y guíame para vivir en su amor y aceptar, como venido de su mano, todo sacrificio. Todo lo que tengo lo pongo en tus manos para su mayor gloria, para la renovación y salvación de las familias cristianas y por la salvación de las almas.

Jesús, José y María, ayúdenme para que toda mi vida sea un acto continuo de amor a Dios, mi Padre Celestial; que en la unión de corazones, de los suyos y el mío, pueda mi alma buscar y amar a Dios en todas las cosas. Sin embargo, nunca me cansaré de invocar sus nombres cuando me lo permitan mis ocupaciones diarias.

Jesús, José y María, sus nombres estarán siempre en mi mente. Suplantarán toda malicia y pensamiento inútil, y los reemplazarán alimentando mi deseo de imitar su amor y sacrificio.

La invocación constante de sus santos nombres será en mí una oración constante, para que su amor a Dios y su celo por las almas pueda renovar cada momento de mi vida terrena. Que el amor que tienen al Padre celestial y su celo por las almas también sean míos cada vez que los invoco. Ayúdenme a cumplir este propósito de ofrecerles toda mi vida. Amén.

Nota: El fin de esta oración es ayudarte a estar abierto a sufrir las penas y dificultades de cada día, a llevar tus cruces, y sufrimientos en unión con la Sagrada Familia y hacerlas la ofrenda a Dios para la salvación y renovación de las familias cristianas. Te será de mucha ayuda invocar los santos nombres de Jesús, José y María, y aceptar, teniendo ante tus ojos sus ejemplos, todas las preocupaciones y vicisitudes de la vida, con total aceptación y viendo todo como venido de la mano de nuestro Padre Celestial.

Esta oración te ayudará a adquirir el hábito de vivir espiritualmente en unión con la Sagrada Familia—Jesús, José y María—en pensamientos, oraciones, sufrimientos y sacrificios, reparando por los muchos pecados de nuestro tiempo.

Tu oración es para pedir a Dios que nos conceda muchos padres de familia llenos del espíritu de la Sagrada Familia de Nazaret. Tu espíritu de sacrificio es una semilla plantada para hacer germinar muchas gracias para las familias cristianas y de ellas cosechar también muchas vocaciones al sacerdocio y a la vida religiosa. Muchas indulgencias se encuentran también en estas prácticas piadosas.

Oración para renovar la familia y nota
Rev. Karl Aschenbrenner, MSF

Imprimi Potest
Henry Romer, MSF
Superior Provincial

Imprimatur
Septiembre 10, 1964
Corpus Christi, Texas
+Mariano S. Garriga, D.D.
Obispo de Corpus Christi

Oración para pedir por la protección de la familia

Oh mi amado Jesús, que por la grandeza de tus virtudes y por el ejemplo de tu vida, santificaste el hogar que escogiste para vivir en la tierra, mira misericordiosamente a esta familia, cuyos miembros, postrándose humildemente ante ti, imploran tu protección. Recuerda que somos tuyos; unidos y consagrados a ti por una devoción especial. Protégenos en tu misericordia, líbranos de todo peligro, ayúdanos en nuestras necesidades, concédenos fuerza para perseverar siempre en la imitación de tu Sagrada Familia, sirviéndote y amándote fielmente durante esta vida mortal, para que podamos después alabarte eternamente en el Cielo.

Oh María, madre amorosa, imploramos tu ayuda, sabiendo que tu Hijo divino escucha todas tus peticiones. Y tú, glorioso patriarca, san José, ayúdanos con tu poderoso patrocino, coloca nuestras peticiones en las manos de María, para que Ella pueda ofrecerlas a Jesucristo. Jesús, José y María, les doy el corazón y el alma mía. Jesús, José y María, asístanme en mi última agonía. Jesús, José y María, recíbanme en mi última agonía. Amén.

Oración por los misioneros

Sagrada Familia de Nazaret, sometida también a los sufrimientos, dales a los sacerdotes y religiosos la gracia de soportar todo por vosotros, sus santos patrones.

Por tu pobreza, hazlos independientes de todo lo material.

Por tu viaje a Egipto, concédeles la fuerza para llevar la Buena Nueva a tierras lejanas.

Por tu espíritu de obediencia, enséñales sumisión y reverencia.

Por tu abnegación, dales la fuerza para dominarse a sí mismos.

Por tu amor mutuo, haz que sean un solo corazón y una sola alma.

Por tu silencio, concédeles un verdadero recogimiento de espíritu.

Por tu unión con Dios, hazlos entusiastas para dar honor a Dios y llevar la salvación a las almas.

Por tu santidad, preservalos de todo aquello que los pueda alejar de una vida santa.

Jesús, José y María, ilumínalos, asístelos y sálvalos. Amén

Oración por las vocaciones

Dios de amor y Padre de todos, te damos gracias por todo lo que somos y tenemos, y por todo lo que somos capaces de hacer. Sobre todo, te agradecemos porque por medio del Bautismo, tú compartiste con nosotros tu vida misma, y por el Espíritu Santo nos uniste en Cristo como tus hijos e hijas. Consagrados a la Sagrada Familia de Jesús, José y María, te rogamos que todos los hombres de nuestro tiempo estén atentos al llamado del Espíritu Santo para que descubran su propia vocación.

En particular te rogamos por las vocaciones misioneras que contribuyen a la evangelización de todos, haciendo del Reino de Dios una realidad.

Despierta en los corazones de muchos, la inquietud de servir como religiosos o religiosas, como diáconos o sacerdotes, en el matrimonio o viviendo como solteros.

Concédenos a todos la capacidad para atraer a otros a la fe, para promover las vocaciones y entregarnos al cuidado pastoral de las familias.

Jesús, José y María, ilumínanos, ayúdanos y sálvanos. Amén.

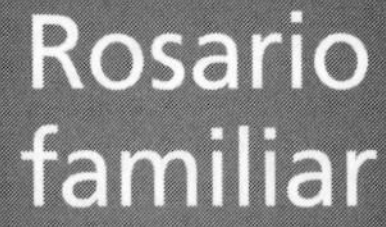
Rosario
familiar

Empezamos con la señal de la cruz, el Credo, un padrenuestro y tres avemarías en la cadena corta. Después se dice el misterio que se contemplará, se recita un padrenuestro, diez avemarías y un gloria.

La señal de la Cruz

En el nombre + del Padre + y del Hijo + y del Espíritu Santo. Amén

Oración preparatoria

Oh Dios, que por su vida, muerte y resurrección, tu Hijo amado ha ganado los premios de la vida eterna para nosotros, te pedimos que meditando en estos misterios del santo Rosario, podamos imitar lo que contienen y obtener lo que prometen, por Jesucristo nuestro Señor. Amén.

El Credo

Creo en un solo Dios, Padre Todopoderoso, Creador del cielo y de la tierra, de todo lo visible y lo invisible. Creo en un solo Señor, Jesucristo, Hijo único de Dios, nacido del Padre antes de todos los siglos: Dios de Dios, Luz de Luz, Dios verdadero de Dios verdadero, engendrado, no creado, de la misma naturaleza del Padre, por quien todo fue hecho; que por nosotros, los hombres, y por nuestra salvación bajó del cielo, y por obra del Espíritu Santo se encarnó de María, la Virgen, y se hizo hombre; y por nuestra causa fue crucificado en tiempos de Poncio Pilato; padeció y fue sepultado, y resucitó al tercer día, según las Escrituras, y subió al cielo, y está sentado a la derecha del Padre; y de nuevo vendrá con gloria para juzgar a vivos y muertos, y su reino no tendrá fin. Creo en el Espíritu Santo, Señor y dador de vida, que procede del Padre y del Hijo, que con el Padre y el Hijo recibe una misma adoración y gloria, y que habló por los profetas. Creo en la Iglesia, que es una, santa, católica y apostólica. Confieso que hay un solo Bautismo para el perdón de los pecados. Espero la resurrección de los muertos y la vida del mundo futuro. Amén.

Padrenuestro

Padre nuestro, que estás en el cielo, santificado sea tu nombre. Venga a nosotros tu Reino. Hágase tu voluntad así en la tierra como en el cielo. Danos hoy nuestro pan de cada día; perdona nuestras ofensas, como también nosotros perdonamos a los que nos ofenden; no nos dejes caer en la tentación y líbranos del mal. Amén.

Avemaría

Dios te salve, María, llena eres de gracia, el Señor está contigo, bendita eres entre todas las mujeres y bendito es el fruto de tu vientre, Jesús. Santa María, Madre de Dios, ruega por nosotros los pecadores, ahora y en la hora de nuestra muerte. Amén.

Gloria

Gloria al Padre, y al Hijo, y al Espíritu Santo. Como era en el principio, ahora y siempre, por los siglos de los siglos. Amén.

Oh Jesús mío (se dice después del Gloria)

Oh Jesús mío, perdona nuestros pecados, líbranos del fuego del infierno, lleva al Cielo a todas las almas, especialmente a las más necesitadas de tu misericordia.

Misterios gozosos (lunes y sábado)

1. La Anunciación del ángel a María Santísima (Lc 1:26–38)

Tengamos una apertura a la voluntad de Dios, sobre todo, acojamos con amor a los niños que nacen en nuestra familia, viendo en ellos un don de Dios.

2. La Visitación de María Santísima a su prima santa Isabel (Lc 1:39–56)

Que todas las madres que están esperando a un niño sean modelo de confianza en Dios que vela por ella y por su hijo.

3. El nacimiento de Jesús (Lc 2:1–7)

Que siempre estemos dispuestos a amar y respetar la vida humana y prefiramos a los niños por encima del materialismo y nuestra comodidad.

4. La Presentación de nuestro Señor en el Templo (Lc 2: 21–40)

Obedezcamos siempre los mandamientos de Dios y de su Iglesia como miembros de la familia divina.

5. El Niño Jesús perdido y hallado en el Templo (Lc 2: 41–52)

Animemos a nuestros hijos a dedicar sus vidas a Dios.

Misterios luminosos (jueves)

1. El bautismo de Jesús en el Jordán (Mt 3: 13–17)

Estemos siempre dispuestos a oír al Espíritu Santo en el cumplimiento de nuestras promesas bautismales.

2. Las bodas de Caná (Jn 2:1–12)

Que María Santísima interceda por todos los hombres y mujeres unidos como una sola carne en el matrimonio.

3. La proclamación del Reino y el llamado a la conversión (Mc 1: 14–15)

Que siempre estemos dispuestos a escuchar, vivir y compartir la Buena Nueva de Jesús.

4. La transfiguración de Jesús (Lc 9: 28–36)

Que nos convirtamos y seamos vistos como verdaderos discípulos de Jesús, la luz del mundo.

5. La institución de la Eucaristía (Lc 22:14–20)

Como familia, que siempre asistamos a la celebración Eucarística con reverencia, amor y devoción.

Misterios dolorosos (martes y viernes)

1. La agonía de Jesús en el huerto (Mt 26: 36–46)

Superemos la tensión y el enojo en nuestras vidas, confiando en la fuerza de Dios para afrontar los retos de la vida.

2. La flagelación de Jesús en la columna (Mt 27: 26)

No tengamos miedo de aceptar los sufrimientos de la vida, aunque sean dolorosos y parezcan intolerables.

3. La coronación de espinas (Mt 27: 27–30)

Cuando las preocupaciones de la vida te causan grandes dolores de cabeza, recuerda que Jesús esta allí para ayudarte a soportar el dolor.

4. Jesús lleva la cruz a cuestas (Lc 23: 26–32)

Que perseveremos en tiempos de prueba o tribulación para nunca desesperarnos.

5. La crucifixión de Jesús (Lc 23: 33–46)

Unimos nuestros sacrificios a los de Jesús por la salvación del mundo.

Misterios gloriosos (miércoles y domingo)

1. La resurrección del Señor (Jn 20: 1–18)

Que nuestra familia sea luz y signo para el mundo, para que todos puedan ver en nosotros el amor de Cristo Resucitado.

2. La ascensión del Señor a los Cielos (Lc 24: 50–53)

Que nuestras familias puedan superar pequeños disgustos y malentendidos, y así vivir en la esperanza de una vida nueva.

3. La venida del Espíritu Santo (Hch 2: 1–11)

Dado que el Espíritu Santo habita en nosotros, que seamos fieles para proclamar la Buena Nueva de Jesús a través de nuestro testimonio.

4. La asunción de la Santísima Virgen (Ap 11:19)

Que algún día estemos con María, nuestra Madre, y nuestros seres queridos en la morada que Jesús nos ha preparado.

5. La Coronación de María Santísima, Reina del Cielo y de la tierra

Habiendo sido fieles hasta el fin, que recibamos nuestro premio de Jesús y compartamos la gloria con María Santísima.

Salve (oración de conclusión para el Rosario)

Dios te salve, Reina y Madre de misericordia, vida, dulzura y esperanza nuestra; Dios te salve. A ti llamamos los desterrados hijos de Eva; a ti suspiramos, gimiendo y llorando en este valle de lágrimas. Ea, pues, Señora, abogada nuestra, vuelve a nosotros tus ojos misericordiosos y después de este destierro, muéstranos a Jesús, fruto bendito de tu vientre, ¡oh, clemente, oh piadosa, oh dulce Virgen María!

(en latín)

Salve Regina. Mater misericordiae: Vita, dulcedo et spes nostra, salve. Ad te clamamus, exsules, filii Evae. Ad te suspiramus, gementes et flentes in hac lacrimarum valle. Eia ergo, Advocata nostra, illos tuos misericordes oculos ad nos converte. Et Jesum, benedictum fructum ventris tui, nobis post hoc exsilium Ostende. O Clemens, O pia, O dulcis Virgo María.

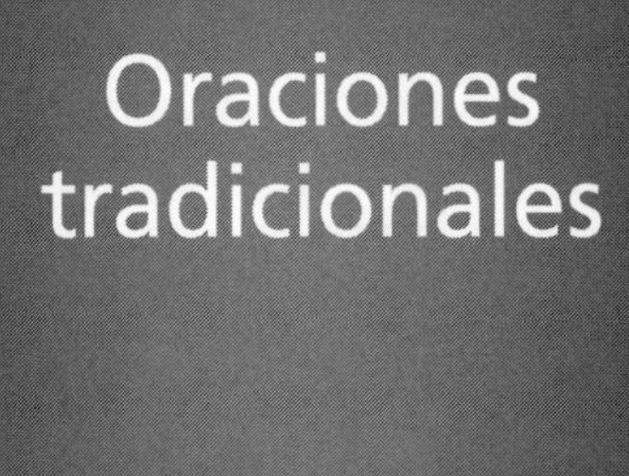
Oraciones
tradicionales

Acto de contrición (versión A)

Dios mío, me pesa de todo corazón haberte ofendido, porque pecando te he ofendido a ti, que eres el sumo bien y digno de ser amado sobre todas las cosas. Propongo firmemente, con tu gracia, cumplir la penitencia, no volver a pecar y huir de las ocasiones de pecado. Amén.

Acto de contrición (versión B)

Dios mío, me arrepiento de todo corazón del mal que hecho. Al elegir el mal y dejar de hacer el bien, he pecado contra ti, a quien amo sobre todas las cosas. Propongo firmemente, con la ayuda de tu gracia, cumplir la penitencia, no volver a pecar y evitar las ocasiones de pecado. Nuestro Salvador Jesucristo sufrió y murió por nosotros. En su nombre, Dios mío, ten misericordia de nosotros. Amén.

Acto de fe

Dios mío, creo firmemente todo lo que cree y enseña la Santa Iglesia Católica, porque eres Tú quien se lo ha revelado, y tu ni engañas ni puedes ser engañado.

Acto de esperanza

Dios mío, confío en tu bondad infinita y en tus promesas, y espero obtener el perdón de mis pecados, la ayuda de tu gracia y la vida eterna, por los meritos de Jesucristo, mi Señor y Redentor.

Acto de amor

Dios mío, te amo sobre todas las cosas con todo mi corazón, porque eres mi amoroso Padre, infinitamente bueno e infinitamente amable. Por amor a ti, yo amo al prójimo como a mí mismo.

El Ángelus

V. *El ángel del Señor anunció a María.*

R. *Y concibió del Espíritu Santo.*
Dios te salve, María, ...

V. *He aquí la esclava del Señor.*

R. *Hágase en mí según tu palabra.*
Dios te salve, María, ...

V. *Y el verbo se hizo carne.*

R. *Y habitó entre nosotros.*
Dios te salve, María, ...

V. *Ruega por nosotros, Santa Madre de Dios.*

R. *Para que seamos dignos de alcanzar las promesas de nuestro Señor Jesucristo.*

Oremos: Derrama, Señor, tu gracia sobre nuestros corazones; para que quienes hemos conocido, por el anuncio del ángel, la Encarnación de tu Hijo, lleguemos, por su pasión y cruz, a la gloria de la resurrección. Por Cristo nuestro Señor. Amén.

Reina del Cielo (*Regina Coeli*)

(Esta oración se dice durante la Pascua, en lugar del Ángelus)

V. *Reina del cielo, alégrate, aleluya.*

R. *Porque el Señor a quien has merecido llevar en tu seno, aleluya.*

V. *Ha resucitado según su palabra, aleluya.*

R. *Ruega al Señor, por nosotros, aleluya.*

V. *Alégrate, Virgen María, aleluya.*

R. *Porque ha resucitado el Señor, aleluya.*

Oremos: Oh Dios, que has alegrado al mundo por la resurrección de tu Hijo, nuestro Señor Jesucristo; concédenos, por la intercesión de la Virgen María, su Madre, alcanzar el gozo eterno. Por Jesucristo nuestro Señor. Amén.

Memorare

Acuérdate, oh piadosísima Virgen María, que jamás se ha oído decir que ninguno de los que han acudido a tu protección, implorando tu asistencia y reclamando tu auxilio, haya sido desamparado. Animado con esta confianza, a ti también acudo, oh Virgen y Madre, y aunque afligido por el peso de mis pecados, me atrevo a presentarme ante tu presencia soberana. No desdeñes, oh Madre del Verbo Divino, mis súplicas; antes bien, escúchalas y dígnate acogerlas favorablemente. Amén.

El Vía crucis

Invocación para el Vía crucis

Dios todopoderoso y misericordioso, que hiciste del Vía crucis de tu Hijo amado un camino para concedernos tu gracia, ayúdanos a seguir sus huellas en unión con su Madre dolorosa para que recibamos las gracias que nos alcanzó con su Pasión. También ofrecemos este Vía crucis por la conversión de los no creyentes y de los pecadores. Amén.

Primera estación: Jesús es condenado a muerte

V. *Te adoramos, oh Cristo, y te bendecimos.*

R. *Que por tu santa Cruz redimiste al mundo.*

¡Oh Jesús!, por esta condenación injusta que firmé tantas veces, con mis pecados, líbrame de la condenación eterna que he merecido tantas veces.

V. *Él no maldecía cuando se le ultrajaba y no amenazaba cuando sufría.*

R. *Más bien se dejaba condenar injustamente (1 Pe 2:23).*

V. *Señor nuestro crucificado, ten misericordia de nosotros y de las benditas almas del purgatorio.*

R. *Santa Madre, imprime en mi corazón los dolores que tu Hijo sintió por mí.*

Segunda estación: Jesús con la cruz a cuestas

V. *Te adoramos, oh Cristo, y te bendecimos.*

R. *Que por tu santa cruz redimiste al mundo*

¡Oh Jesús!, que tomaste voluntariamente la cruz preparada por mis pecados, hazme entender su gravedad, para que me arrepienta de ellos hasta el fin de mi vida.

V. *El aceptó verdaderamente nuestros males.*

R. *Y él mismo tomó nuestros dolores (Is 53:4).*

V. *Señor nuestro crucificado, ten misericordia de nosotros y de las benditas almas del purgatorio.*

R. *Santa Madre, imprime en mi corazón los dolores que tu Hijo sintió por mí.*

Tercera estación: Jesús cae por primera vez

V. *Te adoramos, oh Cristo, y te bendecimos.*

R. *Que por tu santa cruz redimiste al mundo.*

El gran peso de mis pecados, oh Jesús, te hizo caer bajo la cruz. Los aborrezco y detesto, te pido perdón y no quiero volver a cometerlos.

V. *Nos parecía un leproso, castigado y humillado por Dios.*

R. *Lo hirieron por causa de nuestros crímenes y lo humillaron por nuestros pecados (Is 53:4–5).*

V. *Señor nuestro crucificado, ten misericordia de nosotros, y de las benditas almas del purgatorio.*

R. *Santa Madre, imprime en mi corazón los dolores que tu Hijo sintió por mí.*

Cuarta estación: Jesús encuentra a su Madre

V. *Te adoramos, oh Cristo, y te bendecimos.*

R. *Que por tu santa cruz redimiste al mundo.*

¡Oh Jesús afligido!, ¡oh Madre desconsolada!, si yo fui hasta ahora por mis pecados la causa de tus dolores, no lo seré más en adelante. Con tu auxilio te amaré y te seré fiel hasta la muerte.

V. *Fuerte como la muerte es el amo.*

R. *La multitud de tribulaciones no puede extinguirlo (Cant 8:7).*

V. *Señor nuestro crucificado, ten misericordia de nosotros, y de las benditas almas del purgatorio.*

R. *Santa Madre, imprime en mi corazón los dolores que tu Hijo sintió por mí.*

Quinta estación:
Jesús es ayudado por el Cireneo a llevar la cruz

V. *Te adoramos, oh Cristo, y te bendecimos.*

R. *Que por tu santa cruz redimiste al mundo.*

¡Oh Jesús!, qué feliz es Simeón, porque puede ayudarte llevando la cruz. Que feliz sería yo también, si te ayudara en adelante a llevar la cruz con paciencia en todo lo que me sucede. ¡Oh Jesús!, dame para esto tu gracia.

V. *El que quiera seguirme, que se niegue a sí mismo.*

R. *Que tome su cruz y que me siga (Mc 8:34).*

V. *Señor nuestro crucificado, ten misericordia de nosotros, y de las benditas almas del purgatorio.*

R. *Santa Madre, imprime en mi corazón los dolores que tu Hijo sintió por mí.*

Sexta estación:
La Verónica enjuga el rostro del Señor

V. *Te adoramos, oh Cristo, y te bendecimos.*

R. *Que por tu santa cruz redimiste al mundo.*

¡Oh Jesús!, que te has dignado imprimir en el lienzo de la Verónica tu santísima imagen, imprime profundamente en mi alma el recuerdo de tu amarga pasión y muerte.

V. *No apartes de nosotros tu santo semblante.*

R. *Y en tu cólera no te alejes de tus siervos (Sal 26:9).*

V. *Señor nuestro crucificado, ten misericordia de nosotros, y de las benditas almas del purgatorio.*

R. *Santa Madre, imprime en mi corazón los dolores que tu Hijo sintió por mí.*

Séptima estación: Jesús cae por segunda vez

V. *Te adoramos, oh Cristo, y te bendecimos.*

R. *Que por tu santa cruz redimiste al mundo.*

Mis pecados habituales te hacen caer otra vez bajo la cruz, ¡oh amantísimo Jesús! Ayúdame a emplear los medios que me preserven de recaer en el mal.

V. *No soy hombre sino un gusano.*

R. *El escarnio de la gente y el deprecio de los hombres (Sal 21:7).*

V. *Señor nuestro crucificado, ten misericordia de nosotros, y de las benditas almas del purgatorio.*

R. *Santa Madre, imprime en mi corazón los dolores que tu Hijo sintió por mí.*

Octava estación:
Jesús consuela a las santas mujeres

V. *Te adoramos, oh Cristo, y te bendecimos.*

R. *Que por tu santa cruz redimiste al mundo*

Tú consuelas, Jesús, a las mujeres de Jerusalén que están tristes por ti. Consuela también mi alma con tu misericordia, en la cual pongo toda mi confianza. Que mi corazón te responda con generosidad.

V. *No lloren por mí.*

R. *Sino lloren por ustedes mismas y por sus hijos (Lc 23:28).*

V. *Señor nuestro crucificado, ten misericordia de nosotros y de las benditas almas del purgatorio.*

R. *Santa Madre, imprime en mi corazón los dolores que tu Hijo sintió por mí.*

Novena estación: Jesús cae por tercera vez

V. *Te adoramos, oh Cristo, y te bendecimos.*

R. *Que por tu santa cruz redimiste al mundo.*

Oh Jesús, después de tantas heridas y sufrimientos, caes por tercera vez bajo el peso de la cruz; te suplico que no recaiga más en mis pecados. ¡Oh Jesús!, mejor morir que ofenderte otra vez.

V. *Piensen en Jesús para que no se cansen o desalienten.*

R. *Todavía no han luchado contra el pecado hasta la sangre (Heb 12:3–4).*

V. *Señor nuestro crucificado, ten misericordia de nosotros, y de las benditas almas del purgatorio.*

R. *Santa Madre, imprime en mi corazón los dolores que tu Hijo sintió por mí.*

Décima estación: Jesús es despojado de sus vestiduras

V. *Te adoramos, oh Cristo, y te bendecimos.*

R. *Que por tu santa cruz redimiste al mundo.*

Oh Jesús, que eres despojado de tus vestiduras y te dan vinagre y hiel para saciar tu sed, líbrame de todas las inclinaciones desordenadas a las cosas del mundo y haz que aborrezca todo lo que me pueda conducir al pecado.

V. *Depongamos las obras de las tinieblas.*

R. *Andemos honradamente y vistámonos de nuestro Señor Jesucristo (Rom 13:12–14).*

V. *Señor nuestro crucificado, ten misericordia de nosotros, y de las benditas almas del purgatorio.*

R. *Santa Madre, imprime en mi corazón los dolores que tu Hijo sintió por mí.*

Undécima estación: Jesús es clavado en la cruz

V. *Te adoramos, oh Cristo, y te bendecimos.*

R. *Que por tu santa cruz redimiste al mundo.*

Por aquellos crueles dolores que has sentido cuando taladraron con clavos tus santas manos y pies, haz, oh Jesús, que crucifique yo mi carne siempre con la mortificación cristiana.

V. *Taladraron mis pies y manos.*

R. *Y contaron todos mis huesos (Sal 21:17–18)*

V. *Señor nuestro crucificado, ten misericordia de nosotros, y de las benditas almas del purgatorio.*

R. *Santa Madre, imprime en mi corazón los dolores que tu Hijo sintió por mí.*

Duodécima estación: Jesús muere en la cruz

V. *Te adoramos, oh Cristo, y te bendecimos.*

R. *Que por tu santa cruz redimiste al mundo.*

¡Oh Jesús!, que has muerto después de tres horas de agonía, déjame morir antes que volver a pecar y si quieres que viva, haz que viva solamente para amarte y servirte.

V. *Se hizo obediente hasta la muerte.*

R. *Y muerte de cruz (Flp 2:8).*

V. *Señor nuestro crucificado, ten misericordia de nosotros, y de las benditas almas del purgatorio.*

R. *Santa Madre, imprime en mi corazón los dolores que tu Hijo sintió por mí.*

Decimotercera estación: Jesús es bajado de la cruz.

V. *Te adoramos, oh Cristo, y te bendecimos.*

R. *Que por tu santa cruz redimiste al mundo.*

¡Oh Madre dolorosa!, una espada atravesó tu corazón cuando tenías a Jesús sin vida en tus brazos. Alcánzame la gracia de aborrecer el pecado como la causa de su muerte y de tus dolores, para vivir arrepentido y morir santamente en tus brazos.

V. *Oh, todos ustedes que pasan por aquí.*

R. *Vean si hay dolor semejante al mío (Lam 1:12).*

V. *Señor nuestro crucificado, ten misericordia de nosotros, y de las benditas almas del purgatorio.*

R. *Santa Madre, imprime en mi corazón los dolores que tu Hijo sintió por mí.*

Decimocuarta estación: Jesús es colocado en el sepulcro

V. *Te adoramos, oh Cristo, y te bendecimos.*

R. *Que por tu santa cruz redimiste al mundo.*

¡Oh Jesús!, quiero morir a todo y vivir solamente para ti, a fin de triunfar después eternamente contigo en el Cielo y gozar de los frutos de tu amarga pasión y muerte.

V. *También mi carne descansará en la esperanza.*

R. *Pues no dejarás ver a tu santo la corrupción (Sal 15:9–10).*

V. *Señor nuestro crucificado, ten misericordia de nosotros, y de las benditas almas del purgatorio.*

R. *Santa Madre, imprime en mi corazón los dolores que tu Hijo sintió por mí.*

Última estación: La resurrección de Jesús

V. *Te adoramos, oh Cristo, y te bendecimos.*

R. *Que por tu santa cruz redimiste al mundo.*

¡Oh Jesús!, que por tu victoria has vencido la muerte y nos has abierto el camino hacia la vida eterna; concédenos que celebrando tu resurrección, seamos renovados por el Espíritu Santo.

V. *El Señor, Dios todo poderoso, es rey.*

R. *Alegrémonos, cantemos alabanzas y démosle gloria (cf. Ap 19:6-7)*

V. *Señor nuestro crucificado, ten misericordia de nosotros, y de las benditas almas del purgatorio.*

R. *Santa Madre, imprime en mi corazón los dolores que tu Hijo sintió por mí.*

Oración final del Vía crucis

Oh Dios, que por la preciosísima sangre de tu único Hijo, santificaste el estandarte de la Cruz, concédenos a todos los que nos gloriamos en esa cruz, la gracia de sentir dondequiera la alegría de tu protección soberana, por Jesucristo nuestro Señor. Amén.

Amoroso Salvador y Pastor del rebaño que dijiste, "Cuando levanten en alto al Hijo del hombre, entonces conocerán que Yo soy y que no hago nada por mi cuenta, sino que sólo digo lo que el Padre me ha enseñado". Cumple con tu palabra y llama a todos los que todavía no te conocen o aman. Generosamente ve a tu Iglesia, la viña, que diestra plantó; guía y multiplica sus miembros, echa fuera toda herejía y cisma, mantén a los pastores y al rebaño en amor y unidad. Da paz y concordia a todas las naciones; da la luz de tu gracia a los no creyentes y herejes; la perseverancia, a los justos; la gracia de la conversión, al pecador. Bendice nuestra familia, acompaña a los que están en agonía y concede el descanso eterno a los fieles difuntos. Amén.

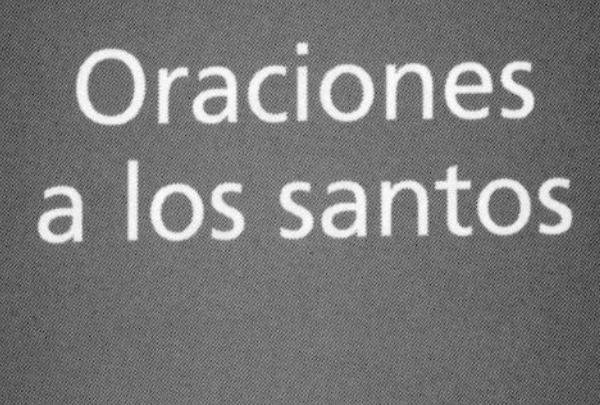

Oraciones a los santos

Santa María, corazón de la Sagrada Familia y Reina de los Santos

Fiesta: 1 de enero.

María, Madre de Dios y Madre mía, jugaste un papel especialísimo en la Encarnación de la segunda persona de la Santísima Trinidad, tu Hijo Jesucristo. Fuiste el corazón en el hogar de la Sagrada Familia, donde fuiste más una madre que una reina, cuidando diariamente de Jesús y san José. Enséñame a dedicar tiempo a reflexionar en los momentos de gracia en mis vida, meditándolos en mi corazón. Ayúdame a ver cuán importante es el sacramento de la Reconciliación para estar cerca de Jesús y qué valioso es dedicar tiempo cada día a orar. Ya que eres la Reina de los Santos, intercede por mí ante el Rey de los Santos, Jesucristo, y ayúdame en mis esfuerzo por ser un mejor cristiano. Amén.

Santa María, corazón de la Sagrada Familia y Reina de los Santos, ruega por nosotros.

Oración a la Virgen de Guadalupe

Se apareció cuatro veces a san Juan Diego en 1531. Fiesta: 12 de diciembre.

Virgen de Guadalupe, rosa mística, intercede por la Santa Iglesia, protege al Santo Padre, socorre a todos los que te invocan en sus necesidades, ya que tú eres la verdadera Virgen María y Madre de Dios. Alcánzanos de tu Divino Hijo la gracia de una caridad ardiente que nos permita permanecer fieles en medio de las contrariedades de la vida y la gracia de la perseverancia final. Amén.

Nuestra Señora de Guadalupe, ruega por nosotros.

Oración a la Virgen de San Juan de los Lagos

La devoción empezó en 1623 en el estado de Jalisco (México).

Virgen Santísima de San Juan, Madre de Dios y madre mía: el Señor te ha elegido sobre todas las criaturas, porque ninguna de ellas se humilló tan profundamente como tú. Dulcísima Señora, en tu presencia descansan nuestros pobres corazones y todo nuestro ser. Están cubiertos de llagas y miserias, mas tienen puesta su esperanza en ti. Con solo pronunciar tu nombre, nuestras almas se llenan de esperanza y la paz del Señor nos consuela. Oh Madre incomparable, lava toda mancha de nuestra alma. Haz que tengamos horror a la impureza. Aleja las ocasiones de ofenderte, para que siendo puros y agradables al Señor, alcancemos la dicha prometida a los limpios de corazón: ver a Dios. Amada Virgen de San Juan, rezamos por nuestras familias para que nada les falte y las llenes de bendiciones. Acuérdate de nosotros los pecadores, que acudimos a ti con amor y pedimos el perdón de Dios por nuestras faltas. Amén.

Virgen de San Juan de los Lagos, ruega por nosotros.

San José: cabeza de la Sagrada Familia

Fiesta: 19 de marzo.

San José, te honramos como cabeza y protector de la Sagrada Familia, esposo de María y padre putativo de Jesús. Que tu corazón justo y recto sea para mí una guía para mantener mi alma limpia y pura de pecado. Ayúdame a ser un ejemplo de pureza para mis amigos y compañeros, especialmente, en casa, en la escuela y en el juego. Que tu amor y cuidado a Jesús y María, me enseñen a vivir dentro de mi propia familia y pueda encontrar la paz y la salud gracias a tu intercesión. Gracias por mostrarme cómo ningún sacrificio es demasiado grande cuando se trata de mi familia. San José, gran carpintero de Nazaret, construye una fortaleza de santidad alrededor de cada alma. Amén.

San José, ruega por nosotros.

San José: patrón de los obreros

Fiesta: 1 de mayo.

Feliz y afortunado san José, por querer de Dios, tuviste la gracia de estar cerca de Jesús mientras vivía en este mundo. Tú formaste parte de los hechos de su infancia y tus trabajos dieron alimento y casa al Creador del universo. Ofreciste tu amor y un desinteresado servicio a Él y a María. Nunca hemos oído tus palabras; pero, la Iglesia con razón dice: "vayan a san José". Humilde varón, elegido como protector de los preciosos tesoros del Cielo, te pido tu protección sobre aquellos a los que Dios puso bajo mi responsabilidad. Amén.

San José, ruega por nosotros.

Santa Faustina Kowalska: apóstol de la Divina Misericordia (1905–1938)

Fiesta: 5 de octubre.

Querida santa Faustina, muéstrame cómo amar a la Sagrada Familia: a Jesús, a José y a María. Haz que, amándolos, ame más a Dios y a cada alma que Él creó. Ayúdame a comprender cómo Jesucristo te eligió como su apóstol de la Divina Misericordia, para proclamar el mensaje de su Divina Misericordia a todo el mundo, especialmente a mi alma y a todas las almas de mi familia. Su Divina Misericordia es para todos y cada uno y ha enviado su mensaje a través de ti como su mensajera. Ayúdame a rezar la coronilla de la Divina Misericordia con mi familia, especialmente, si es posible, a las tres de la tarde, la hora de la Divina Misericordia, la hora en que Jesús murió en la cruz por mis pecados y los del mundo. Madre María y san José, manténganme cerca del corazón misericordioso de Jesús para honrar a la Sagrada Familia como tu pequeño apóstol de la Divina Misericordia. Amén.

Santa Faustina, ruega por nosotros.

San Francisco de Asís: patrón de los animales (1181–1226)

Fiesta: 4 de octubre.

San Francisco, alcánzame la gracia de tener un corazón preocupado por toda la Creación, por todas las cosas creadas por Dios: cada persona, la tierra, los animales y las plantas; que pueda tratarlas con amor y cuidado, así como la Sagrada Familia de Jesús, José y María haría. Ayúdame a ser consciente de mi ambiente, de la necesidad de conservar los recursos de la tierra y mis deberes como un buen administrador de la Creación. Por tu ejemplo, no voy a ser cruel con tus creaturas, nacidas o por nacer. Con la ayuda de tus oraciones, quiero cumplir mi vocación de ser un instrumento de tu paz en un mundo desgarrado por la violencia. Amén.

San Francisco de Asís, ruega por nosotros.

Santa *Josefina Bakhita: patrona de Sudán (1869–1947)*

Fiesta: 8 de febrero.

Santa Josefina Bakhita, pide a la Sagrada Familia que siempre sea un hijo de la luz. Que las experiencias amargas de la vida nunca me impidan hacer lo correcto. Tú eres un luminoso ejemplo de cómo no debemos permitir que los sufrimientos nos endurezcan el carácter. Fuiste secuestrada de tu familia por comerciantes de esclavos; golpeada y mutilada por varios dueños de esclavos; y sin embargo conservaste tu santidad y te convertiste en religiosa. Siendo religiosa, alegremente cumpliste tus funciones como cocinera, portera y lavandera, incluso hablando por toda Italia para reunir fondos con que apoyar la labor misionera. Muéstrame hasta dónde puedo llegar con la ayuda de Jesús, José y María, y ayúdame a nunca olvidar que la elección para ser santo, independientemente de las circunstancias, siempre es mía. Amén.

Santa Josefina Bakhita, ruega por nosotros.

San Juan Diego: mensajero de Nuestra Señora (1474–1548)

Fiesta: 9 de diciembre.

San Juan Diego, gran apóstol laico, en la colina del Tepeyac en la ciudad de México, la Virgen María se te apareció y te ordenó ir al obispo para solicitar la edificación de una iglesia en ese lugar. Como el obispo te pidió una prueba, Nuestra Señora hizo crecer rosas fuera de estación, en diciembre. Tú las colocaste en tu tilma o manto y las llevaste al obispo. Sabemos que la imagen de Nuestra Señora en tu tilma, es conocida como Nuestra Señora de Guadalupe y dio como fruto la conversión de millones de almas. Ayúdame a ver en esta imagen milagrosa un signo del amor que Jesús, tu Hijo, me tiene. Que yo también pueda ser un instrumento del amor, trayendo la esperanza a los que no tienen fe, guiándolos a la Iglesia donde la Palabra de Dios, junto con la devoción a la Sagrada Familia, ilumina los corazones y las mentes de los creyentes. Amén.

San Juan Diego, ruega por nosotros.

San Judas Tadeo: patrón de las causas perdidas

Apóstol. Fiesta: 28 de octubre.

San Judas, glorioso Apóstol, fiel servidor y amigo de Jesús: el nombre del Traidor ha sido la causa de que muchos se olviden de ti, pero la Iglesia te honra e invoca como el patrón de las causas perdidas. Ruega por mí que tengo tantas limitaciones. Usa tu privilegio de poder interceder en favor de las causas perdidas. Ayúdame en esta gran necesidad y concédeme los consuelos y la ayuda del Cielo en todas mis necesidades, tribulaciones y sufrimientos, particularmente en [se hace la petición]. Te prometo, bendito san Judas Tadeo, no olvidar este gran favor, no cesar de honrarte como a mi especial y poderoso patrón y con todas mis fuerzas fomentar la devoción a ti. Amén.

San Judas Tadeo, ruega por nosotros.

Santa Kateri Tekakwitha: lirio de los indios mohawks (1656–1680)

Primera santa nativa de Norteamérica. Fiesta: 14 de julio.

Querida Kateri, alcánzame de Dios una fe como la tuya para hacer frente a las dificultades de la vida. Aunque desfigurada por la enfermedad, elegiste ver a Dios y su misericordia en todo, especialmente en el cuidado de los niños y de los ancianos. Ayúdame a ofrecer mis sufrimientos a Nuestro Señor Jesucristo como una oración por la salvación de las almas. Hazme fervoroso en el rezo del Rosario para que me acerque más a la Sagrada Familia, a Jesús, José y María. Ayúdame a reconocer mi bautismo, como tú lo hiciste, como el mayor de los dones de Dios. Tu conversión a la fe católica significó para ti maltratos y sufrimientos, pero ahora eres conocida como "lirio de los mohawks", siendo motivo de gloria y gozo para los pueblos nativos de Norteamérica. Ven en mi ayuda para que yo también sea siempre motivo de alegría y honor para mi familia y para todos aquellos con quienes conviva. Amén.

Santa Kateri, ruega por nosotros.

Santa María Goretti: patrona de la pureza (1890–1902)

Virgen y mártir. Fiesta: 6 de julio.

Querida santa María Goretti, eres un espejo de la castidad de la Sagrada Familia y un maravilloso ejemplo de pureza y virtud para todos los jóvenes de nuestros días, especialmente para aquellos que tienen la tentación de usar su sexualidad fuera del sacramento de Matrimonio. Ayúdame a abstenerme de las relaciones sexuales hasta llegar al matrimonio, porque el acto conyugal es sagrado y reservado por Dios exclusivamente para un hombre y una mujer dentro del matrimonio. En vez de ceder a la tentación de la lujuria, prefiero morir en estado de gracia. Tú perdonaste a tu asesino, quien al final de sus días se convirtió a Dios. Ayúdame a ver que el sexo fuera del matrimonio es un pecado desagradable a los ojos de Dios y ayúdame a mantenerme casto y puro.

Santa María Goretti, ruega por nosotros.

San Martín de Porres: patrón de los pobres (1579–1639)

Patrón de los mestizos. Fiesta: 3 de noviembre.

Bienaventurado san Martín, siempre compasivo, padre de los pobres y necesitados; míranos con piedad y ruega por nosotros que te invocamos con confianza absoluta. No nos olvides ante Dios, a quien siempre serviste y adoraste.

Oh glorioso san Martín, bendecimos al Señor por el gran poder que se dignó otorgarte. Animados por la generosidad con que derramas los dones de Dios, acudimos a ti con la mayor confianza. Todo lo esperamos de tu intercesión, por los méritos de Jesucristo, Nuestro Señor. Amén.

San Martín de Porres, ruega por nosotros.

San Maximiliano María Kolbe: patrón de los prisioneros (1894–1941)

Sacerdote y mártir. Fiesta: 14 de agosto.

San Maximiliano, por favor, pide a Jesús, José y María por mí y ayúdame a comprender qué rumbo debo tomar en mi vida: la vida de soltero(a), el estado de casado o una vocación religiosa. Sin importar cuál estado de vida Dios elija para mí, ayúdame a servir ahí a Dios de forma heroica. Si quiere que permanezca como soltero, que me ayude a ser casto y santo. Si me llama al matrimonio, que sea un esposo fiel. Y si soy un sacerdote, religioso o religiosa, que sea fiel a mis votos. Que, como tú, nunca escatime el sacrificio por ser fiel al camino elegido siguiendo tu ejemplo, tú que moriste por tu prójimo en un campo de concentración de la Alemania Nazi. Amén.

San Maximiliano María Kolbe, ruega por nosotros.

San Nicolás: patrón de los niños (¿? – 350 aprox.)

Obispo. Fiesta: 6 de diciembre.

Querido san Nicolás, tu generosidad te hace un santo maravilloso para la temporada de Adviento y Navidad, y por eso a menudo eres recordado como "Santa Claus". Ayúdame a prepararme para la venida de Jesús y para ver los trabajos que José y María pasaron al no encontrar alojamiento para su Hijo. Ayúdame a no quejarme si no recibo los regalos de Navidad que quiero, sino más bien, ayúdame a pensar en los demás y en sus necesidades como hiciste tú ayudando a los necesitados. Que mi vida sea un regalo para los demás, especialmente para mi familia y la Sagrada Familia. Amén.

San Nicolás, ruega por nosotros.

Santa Teresa de Ávila: doctora de la Iglesia (1515–1582)

Virgen y doctora de la Iglesia. Fiesta: 15 de octubre.

Querida Santa Teresa de Jesús, enséñame que, como tú, yo también puedo ser una persona de profunda oración mientras estoy activo en el mundo. La Sagrada Familia es un ejemplo perfecto de la vida en el mundo sin ser parte del mundo. Ayudaste a reformar la orden religiosa de las Carmelitas. Ayúdame a reformar mi vida y a ser un ejemplo para aquellos que son miembros de mi vida cotidiana, especialmente, de mi propia familia. Ensename cómo ser una persona servicial a los demás superando mis sufrimientos cotidianos sin quejarme. Amén.

Santa Teresa de Jesús, ruega por nosotros.

Santa Teresita de Lisieux: la pequeña flor (1873–1898)

Doctora de la Iglesia. Fiesta: 1 de octubre.

Santa Teresita, ayúdame a obedecer a mis padres y a otros como lo hizo Jesús cuando era pequeño en la Sagrada Familia, viviendo con José y María en la tierra y muéstrame cómo vivir "la vía pequeña" en todo lo que hago, es decir, hacer pequeñas cosas cada día, pero con un gran amor a Dios. Sé que Dios no pide grandes cosas de mí, pero Él quiere que viva cada día amándolo con todo mi corazón y con toda alma; quiere que sea amable con mis padres, hermanos y con todos aquellos a quienes encuentro a lo largo del día; quiere que ayude a los ancianos y que sea un buen estudiante; pero, sobre todo, enséñame a amar a los que no me simpatizan para ser una rosa en su vida de espinas. Tu "vía pequeña" es tan especial, que el beato Juan Paulo II te proclamó Doctora de la Iglesia. Que tu pequeña vía sea la mía también. Amén.

Santa Teresa del Niño Jesús, ruega por nosotros.

Oraciones ante
el Santísimo
Sacramento

La Última Cena

Señor Jesús, rezando ante ti presente realmente en el Santísimo Sacramento del altar, memorial de la Última Cena, la cena de Pascua que compartiste con tus discípulos la noche antes de morir, medito sobre la traición de Judas y su beso mortal, y pienso en cuántas veces te he traicionado con el beso de mis pecados. Pero, lo que llena mi corazón de esperanza es la nueva Pascua, prevista en la Última Cena y celebrada en la Eucaristía en cada Misa. Jesús, ten misericordia de mí que soy un pecador. Amén.

Jesús, tengo sed (de ti)

Querido Jesús, rezando ante ti presente en el Santísimo Sacramento del altar, signo de tu crucifixión y de todos los sufrimientos que padeciste a causa de mis pecados, recuerdo tus palabras "Tengo sed" (Jn 19:28–30). Señor, con la Encarnación, asumiste nuestra debilidad para librarnos de una muerte eterna en la que padeceríamos por siempre una sed espiritual. Cuando dijiste: "Todo está cumplido", se llevó a cabo la redención de la humanidad. No quiero olvidar el precio que has pagado por mi redención y por la de todo el mundo. Te agradezco que me hayas salvado y te agradezco también en nombre de todos aquellos que no lo hacen.

María, Madre de la Eucaristía

María Santísima, Madre de la Eucaristía, sentado aquí ante Jesús sacramentado, ante su cuerpo y sangre, alma y divinidad, te pido que me ilumines para rezar a la Santísima Trinidad, ya que tu eres Hija del Padre, Madre del Hijo y Esposa del Espíritu Santo. Nadie está más cerca de la Santísima Trinidad que tú. Sentado aquí ante la Divinidad de Jesús y en presencia de la Santísima Trinidad permíteme estar digna y provechosamente en esta casa del amor: el amor del Padre hacia el Hijo que dio a luz al Espíritu Santo. Amén.

San José, padre de crianza de Jesús eucarístico

San José, padre de crianza de Jesús Eucarístico, estoy rezando ante Jesús presente en el Santísimo Sacramento del altar que contiene su cuerpo y sangre, alma y divinidad, y que es un reflejo de cómo el hijo de Dios vivió dentro de la familia donde tú eras la cabeza y el protector. Tú eres modelo de santidad como padre y esposo, y tu fuerza me da paz mientras medito en tus siete dolores: primero, encontrar que nuestra Señora había concebido y tener como única opción repudiarla en secreto; segundo, no encontrar alojamiento en la ciudad de Belén para el nacimiento del Niño; tercero, ver al Hijo de Dios sufrir y derramar su sangre en la circuncisión; cuarto, escuchar la profecía de Simeón la cual anunciaba cómo Jesús sería signo de contradicción y ello haría que una espada atravesara el corazón de María; quinto, la huida a Egipto para salvar la vida del Niño porque Herodes quería matarlo; sexto, encontrar que el cruel Arquéalo había sucedido a su padre, Herodes, cuando regresaron de Egipto y que, por lo tanto, tenían que vivir en Nazaret; y séptimo, la pérdida Jesús durante tres días cuando tenía doce años. Amén.

Jesús eucarístico, fuente y cumbre de la familia

Señor Jesús, me pongo en tu presencia eucarística, pues eres la verdadera fuente y cumbre de toda familia. Lamentablemente, debido a la falta de fe y amor a tus mandamientos, muchas familias en nuestros días están rotas y deshonradas por la cultura de la muerte: fecundación artificial, aborto, adulterio, estilo de vida homosexual, enfermedades de transmisión sexual, divorcio, drogas, pornografía, sexo desenfrenado, violencia, embarazos juveniles, consumismo y materialismo. Me dirijo a ti y medito en la santidad de la Sagrada Familia y veo cómo debe ser una verdadera familia que resiste a las pruebas o tribulaciones diarias. Tú, Jesús, fuiste pobre: naciste en un pesebre, huiste de la persecución a Egipto con José y María; trabajaste con tus manos como un carpintero al lado de tu padre putativo, José; y la muerte de san José dio como resultado que tu madre, María, fuera unaviuda. Da a mi familia la confianza de la Sagrada Familia en medio de todos nuestros sufrimientos y pruebas para que también nosotros superemos nuestras dificultades en un espíritu de misericordia y perdón, sabiendo que la Sagrada Familia siempre estará allí para ayudarnos. Amén.

Una invitación a rezar por la renovación de las familias católicas

En las últimas décadas, las familias católicas han sufrido grandes rupturas y han sido implacablemente atacadas por la cultura de la muerte.

¿Quién conoce mejor las dificultades y los retos afrontados por las familias que los papás y los abuelos que ven el impacto de esta cultura en sus propios familiares, tanto cercanos como lejanos?

Por favor, considera la posibilidad de rezar por todas las familias, uniéndote al Grupo de Oración de los Amigos de los Misioneros de la Sagrada Familia.

Puedes contactarnos de las siguientes formas:

Llamada gratis: 1-888-484-9945
Sitio de internet: www.MSF-America.org
Correo electrónico: MSF@MSF-America.org

Dirección: 3014 Oregon Avenue
Saint Louis, MO 63118

¡Que Dios bendiga a su familia!